FSC
www.fsc.org
MIXTO
Papel procedente de
fuentes responsables
Paper from
responsible sources
FSC® C105338

Impresión y editorial: BoD – Books on Demand
info@bod.com.es - www.bod.com.es
Impreso en Alemania – Printed in Germany
ISBN: 9788411740364

¡FELIZ CUMPLEAÑOS!

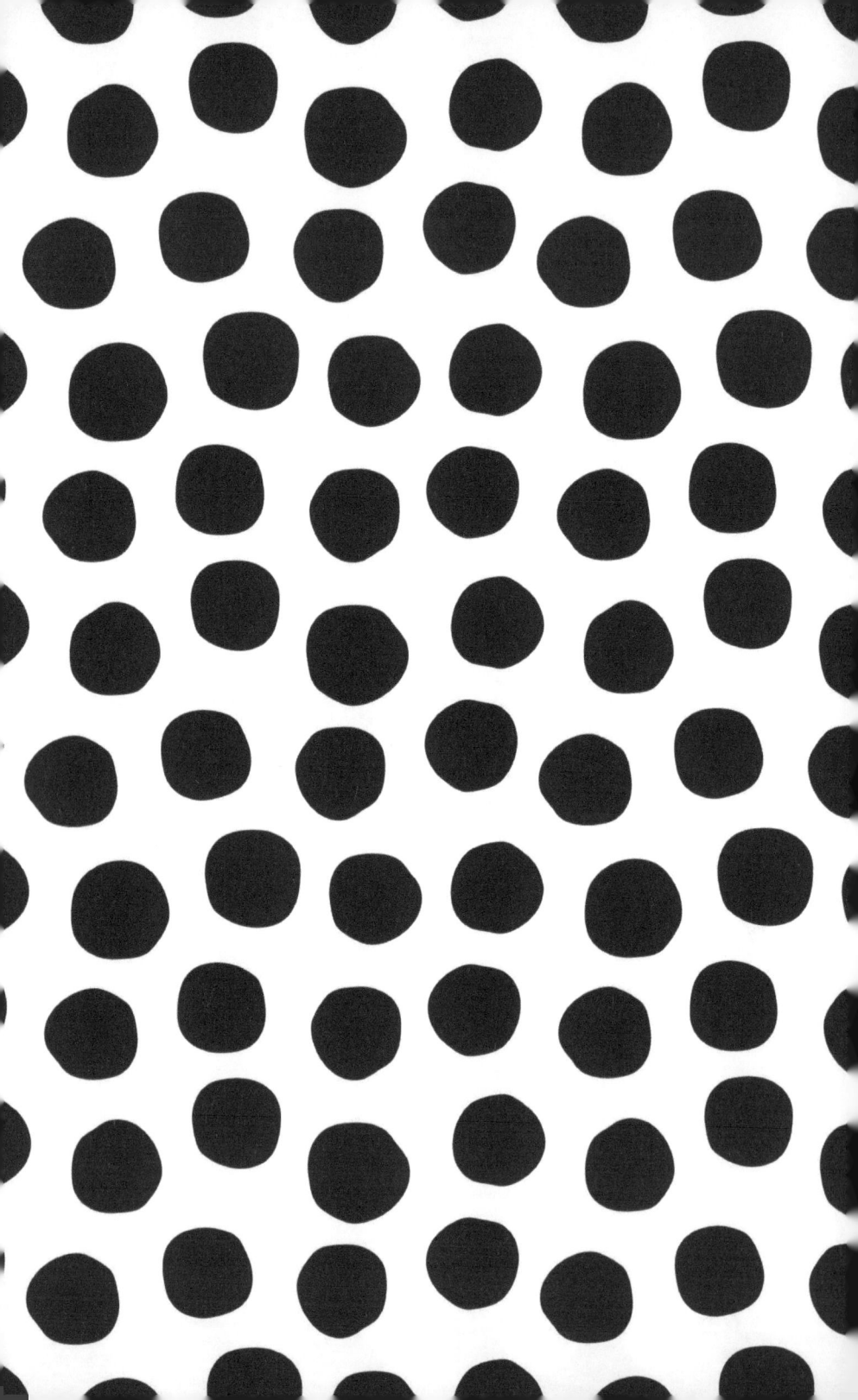

ESTE VA A SER EL MEJOR
AÑO DE TU VIDA.
¿POR QUÉ? PORQUE TE LO
MERECES. PUNTO.
Y PORQUE ESTE ES
EL LIBRO DE LA SUERTE,
EL LIBRO DE LOS DESEOS,
EL LIBRO QUE TE DESCUBRE
QUIÉN ERES, LO QUE
QUIERES Y LO QUE ESTÁS
DETERMINAD@ A LOGRAR.
¡VAMOS!
¡EMPIEZA TU AÑO!

NOMBRE Y FECHA:

ESCRIBE LO QUE MÁS APRECIAS DE TU SITUACIÓN ACTUAL

y eSTe aÑo, MáS y MeJoR

EL DESEO ES LA VERDADERA ESENCIA DEL HOMBRE

SPINOZA

¿CUÁL ES EL PRINCIPAL CAMBIO QUE NECESITAS HACER EN LOS PRÓXIMOS MESES?

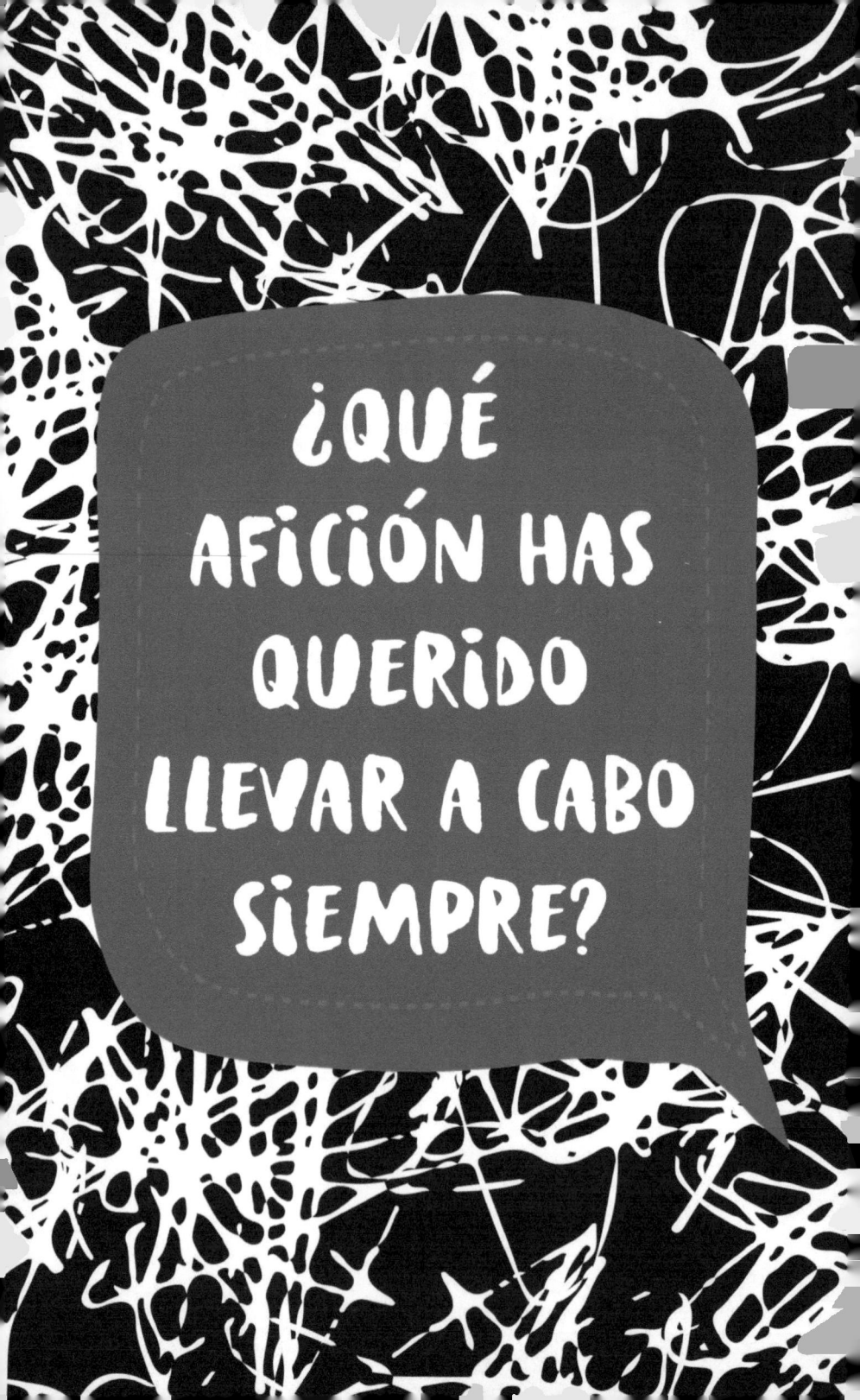

ya eSTáS TaRDaNDo

LA POBREZA NO VIENE POR LA DISMINUCIÓN DE LAS RIQUEZAS, SINO POR LA MULTIPLICACIÓN DE LOS DESEOS

PLATÓN

¿QUÉ COSAS TIENES QUE MUCHA GENTE DESEARÍA TENER?

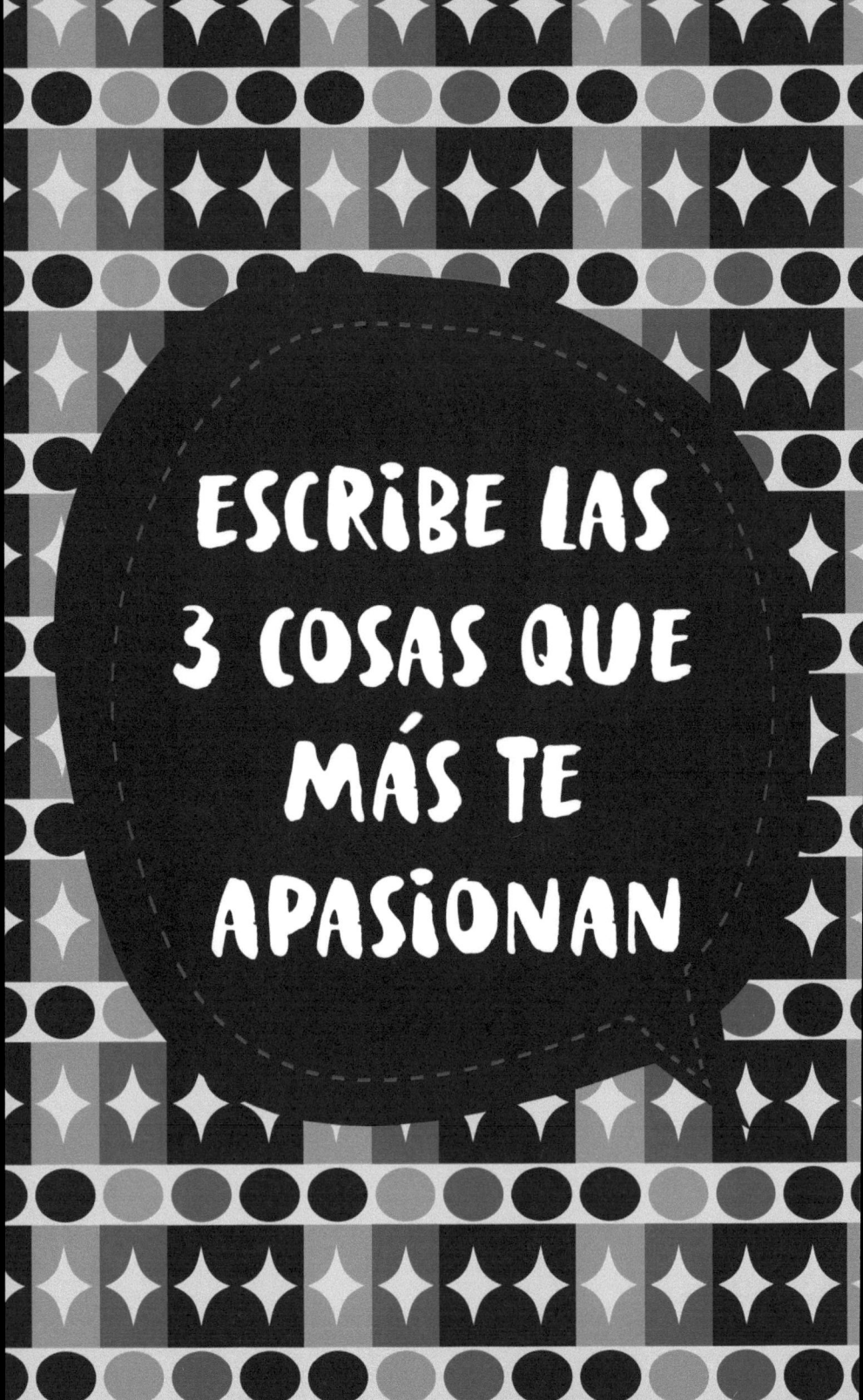

¡Que SeaN LaS PROTaGONiSTaS
De eSTe aÑo!

HACE FALTA UNA VIDA PARA APRENDER A VIVIR

SÉNECA

¿CUÁLES SON LAS PEQUEÑAS COSAS QUE MÁS VALORAS?

¿QUÉ HAS APRENDIDO ESTE AÑO?

¡BRaVo PoR Ti!

¿QUÉ QUIERES QUE DESAPAREZCA ESTE AÑO?

eSCRíBeLo PeQueÑiTo,
PaRa Que Vaya PiLLaNDo
La iNDiReCTa

HAZ LO QUE PUEDAS, CON LO QUE TENGAS, DONDE ESTÉS

ROOSEVELT

¿QUÉ ES LO QUE MÁS NECESITAS EN ESTE MOMENTO?

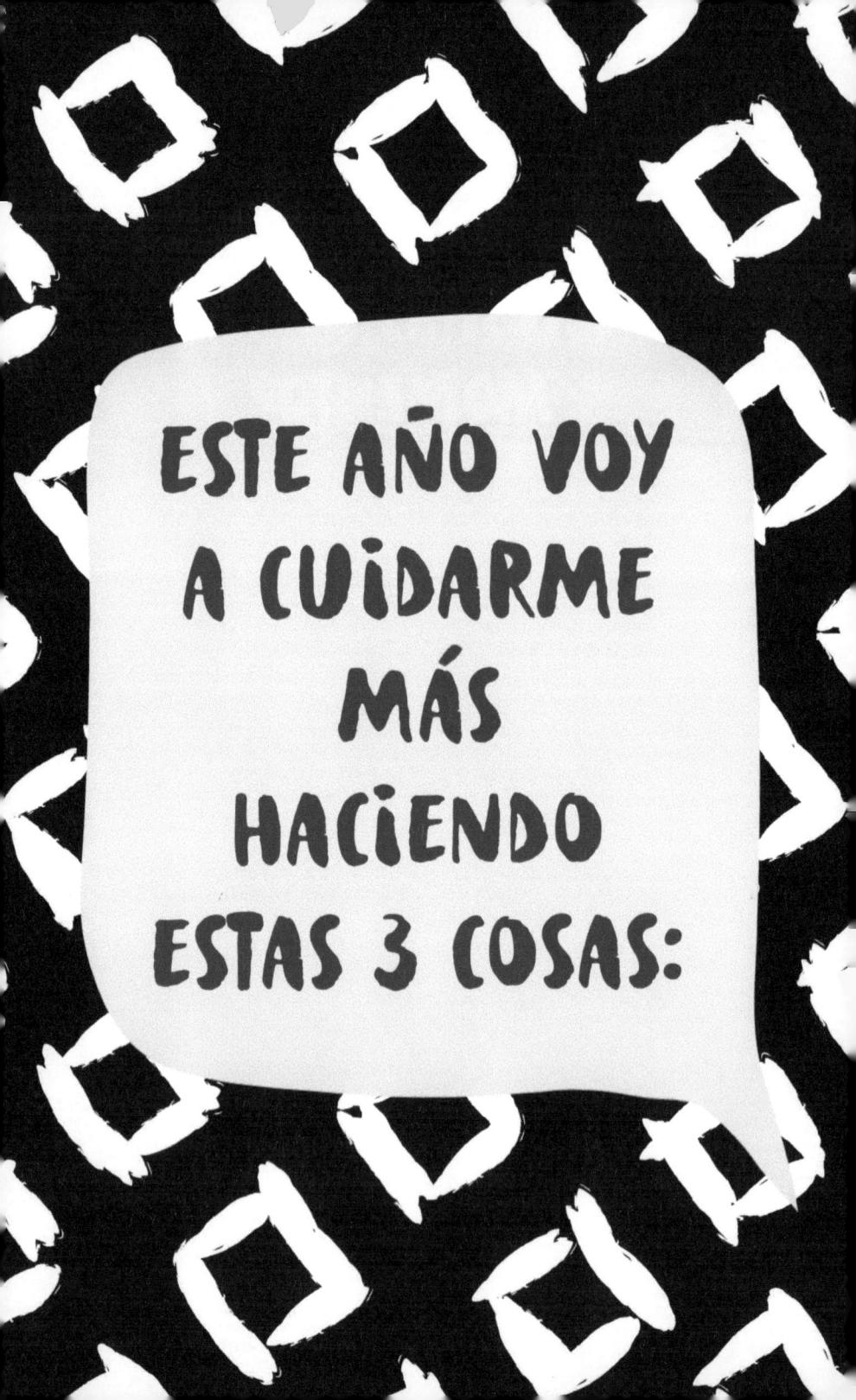

PoRQue Tú Lo VaLeS

CuiDaDiN PoRQue Se Va a CuMPLiR

AQUEL QUE TIENE UN PORQUÉ PARA VIVIR SE PUEDE ENFRENTAR A TODOS LOS "CÓMOS"

NIETZSCHE

¿ACTUALMENTE TE ESTÁS DEDICANDO A LO QUE DE VERDAD TE HACE FELIZ?

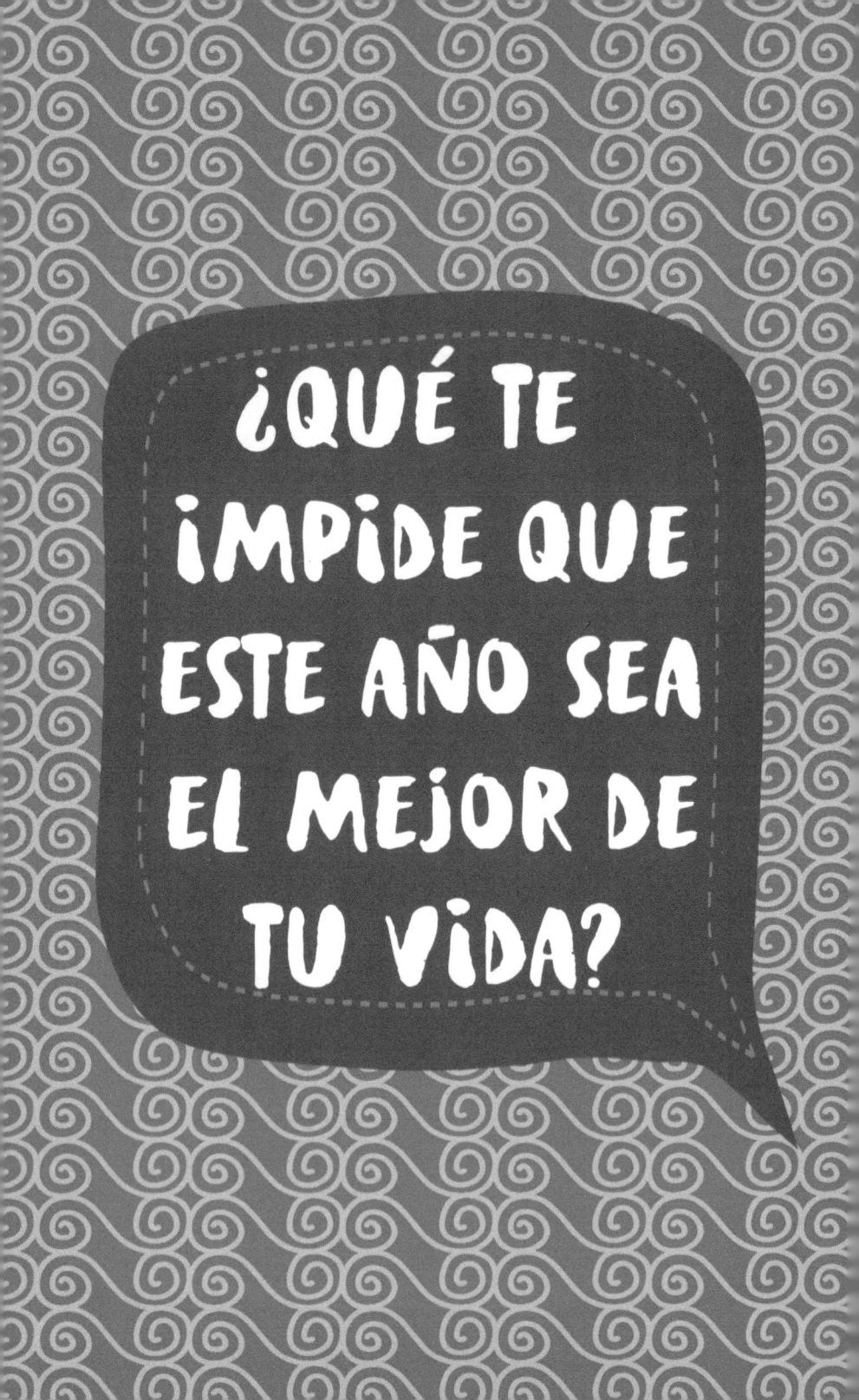

TÚ PUEDES CON ESTO
Y CON MUCHO MÁS

POCAS VECES PENSAMOS EN LO QUE TENEMOS; PERO SIEMPRE EN LO QUE NOS FALTA

SCHOPENHAUER

¿QUÉ TE VAS A TOMAR MENOS EN SERIO ESTE AÑO?

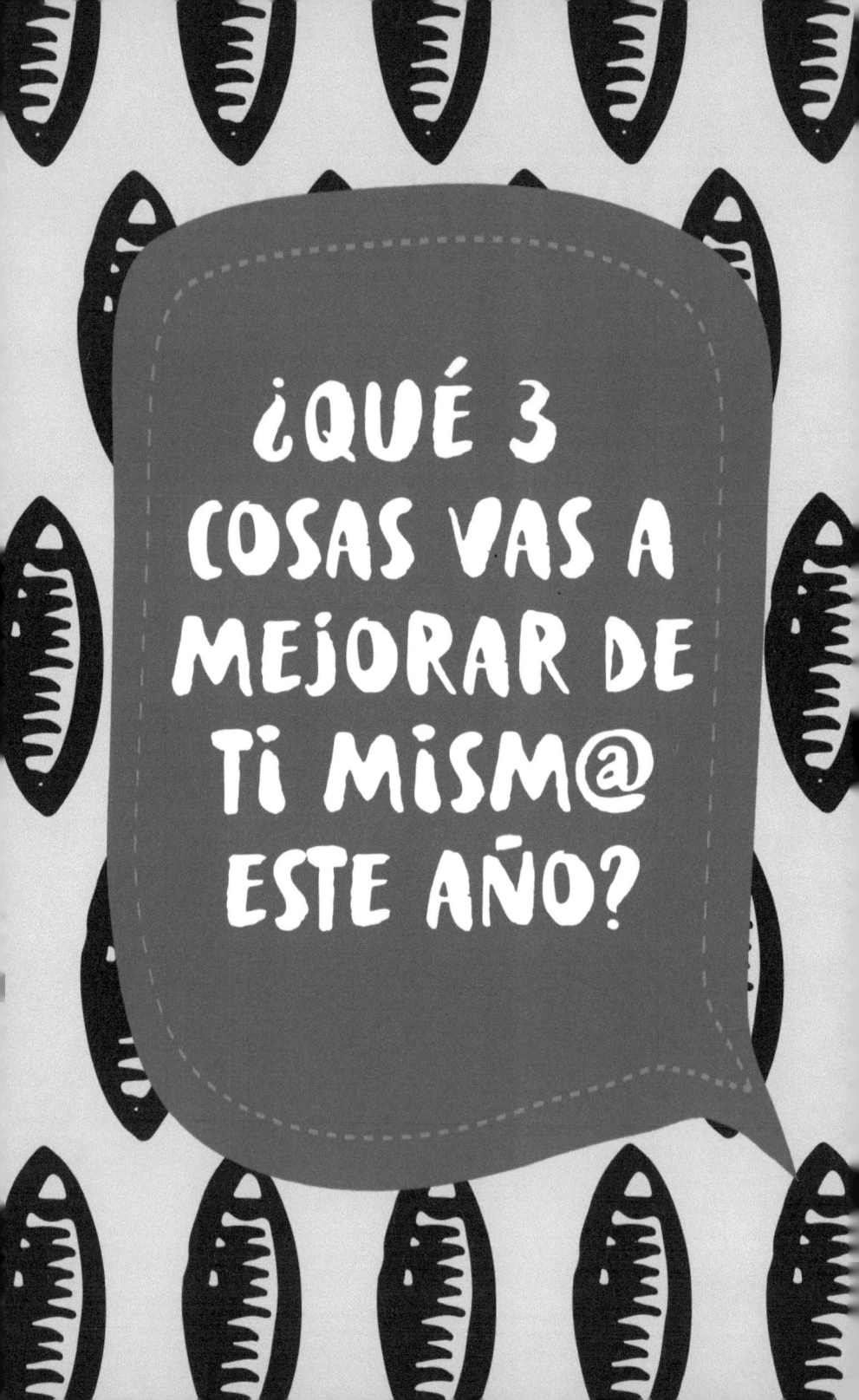

¿VAS A MOLAR AÚN MÁS??

MIS
3 METAS
PARA ESTE
AÑO SON:

METAS

¡y LaS VaS a CONSeGuiR!

¿QUÉ HARÍAS SI SUPIERAS A CIENCIA CIERTA QUE NO VAS A FRACASAR?

HaZMe CaSo: HaZlo

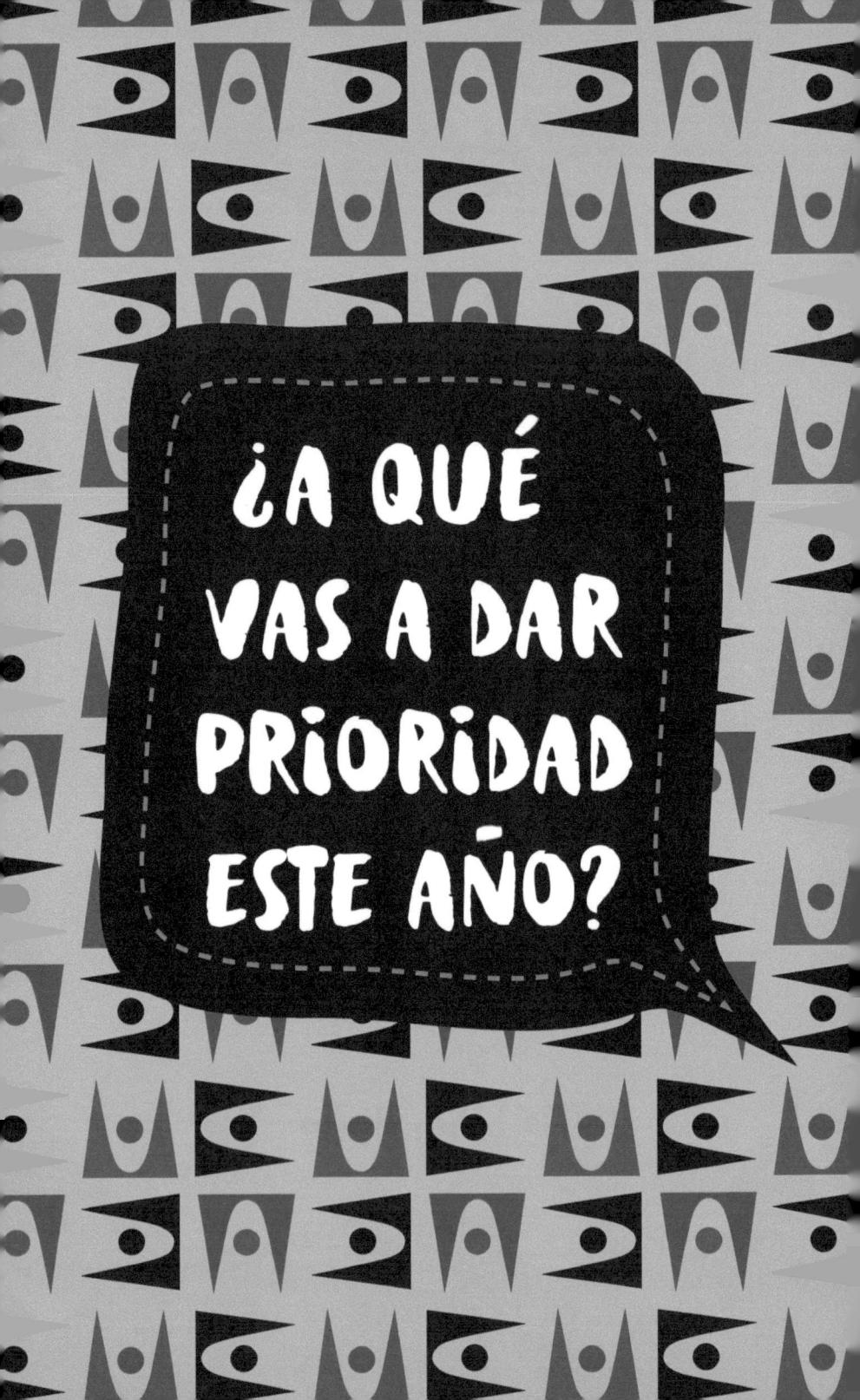

¡Tú estás a
los mandos!

TODO EL MUNDO VE LO QUE APARENTAS SER, POCOS EXPERIMENTAN LO QUE REALMENTE ERES

"MAQUIAVELO"

EN UNA FRASE: ¿QUIÉN ERES?

¡BuSCa SieMPRe
MoTiVoS PaRa ReíR!

ESCRIBE EN LETRAS BIEN GRANDES: «SOY INCREÍBLE»

(sí, lo eres)

QUIEN PIENSA A LO GRANDE TIENE QUE EQUIVOCARSE A LO GRANDE

HEIDEGGER

¿CUÁL ES EL MAYOR RETO AL QUE TE ENFRENTAS AHORA MISMO?

¿QUÉ 3 PERSONAS DESEAS QUE ESTÉN MUY CERCA DE TI ESTE AÑO?

¿QUÉ LUGAR ~~VAS A~~ QUIERES VISITAR ESTE AÑO?

¡FELIZ CUMPLEAÑOS!